Artistes | numéro 15

FRA ANGELICO, LE PEINTRE DES ANGES

Un religieux à l'aube de la Renaissance italienne

par Caroline Blondeau-Morizot

50MINUTES

Avec la collaboration d'Angélique Demur

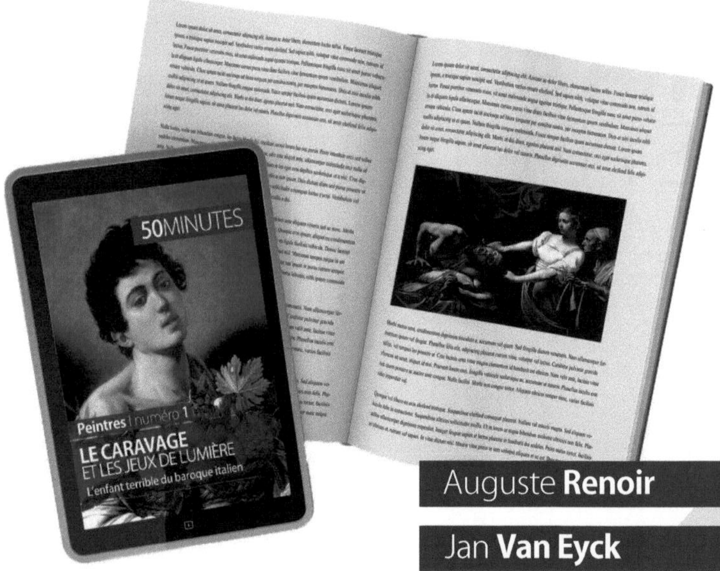
50MINUTES

CULTIVEZ-VOUS
SANS MODÉRATION !

50MINUTES

Peintres | numéro 1
LE CARAVAGE
ET LES JEUX DE LUMIÈRE
L'enfant terrible du baroque italien

Auguste Renoir

Jan Van Eyck

Johannes Vermeer

Gustav Klimt

Eugène Delacroix

www.50minutes.com

FRA ANGELICO

- **Nom ?** Guidolino Di Pietro, dit Fra Angelico.
- **Naissance ?** Né vers 1400 à Vicchio di Mugello (Toscane).
- **Mort ?** Décédé en 1455 à Rome.
- **Contexte ?** La première Renaissance ou quattrocento, qui inaugure un véritable renouvellement dans les arts.
- **Œuvres majeures ?**
  - *L'Annonciation* (vers 1426)
  - *Le Couronnement de la Vierge* (1430-1432)
  - *Le Jugement dernier* (1430-1433)
  - *L'Annonciation de Cortone* (1433-1434)
  - Le *Retable de San Marco* (vers 1440)
  - Les fresques du couvent San Marco (1438-1446)
  - Les fresques de la chapelle Niccolina (1447-1449)
  - L'armoire des ex-Voto d'argent (1451-1453)

Fra Angelico évolue à une époque particulièrement favorable à l'expansion des arts : le XVe siècle italien ou *quattrocento*. Cette période de mutation culturelle marque l'émergence de la première Renaissance, qui aura des répercussions dans l'Europe entière. Malgré un contexte politique mouvementé, la péninsule italienne offre à cet élan culturel un foyer de choix, favorisé par une économie florissante. Dans les pas de Pétrarque (1304-1374), poète et érudit italien, les humanistes s'efforcent de retrouver l'authenticité de la pensée antique et bouleversent la conception du monde, plaçant dorénavant l'homme au cœur de leurs préoccupations. Ce renouvellement de la pensée fournit aux artistes de nouveaux modèles et contribue ainsi à l'émergence d'un art largement inspiré de l'Antiquité gréco-romaine.

Au cœur de cette première Renaissance, Fra Angelico occupe une place particulière. Formé au gothique international, style de cour aux accents précieux, il s'en éloigne pour s'intéresser aux recherches de ses contemporains, notamment dans le domaine de la construction d'un espace tridimensionnel. À cheval entre deux époques et deux tendances artistiques divergentes, il se distingue également des autres artistes de son temps par la grande spiritualité qui émane de ses œuvres, qui se font le reflet de la foi profonde de l'artiste, un frère dominicain.

CONTEXTE

L'ITALIE, UNE MOSAÏQUE D'ÉTATS

L'Italie du XVe siècle est morcelée en plusieurs cités-États : Florence, Gênes, Sienne, Pise, Milan, Mantoue ou encore Venise, auxquelles s'ajoutent les terres pontificales avec, à leur tête, Rome. Loin de l'unité qu'elle connaît aujourd'hui, l'Italie forme donc à cette époque une mosaïque d'États indépendants, gouvernés par de puissantes familles comme les Gonzague à Mantoue, les Visconti puis les Sforza à Milan, les d'Este à Ferrare, Reggio et Modène, ou les Médicis à Florence – familles qui, au gré des alliances, se livrent une guerre sans merci.

Ce contexte politique tendu n'altère cependant en rien le dynamisme économique des villes italiennes, qui s'appuie sur une activité artisanale prospère, un grand réseau commercial (notamment maritime) et une intensification de l'activité bancaire, plaçant les comptoirs italiens au premier rang de la finance européenne. Il en va de même dans le secteur culturel : les différentes cours italiennes développent un goût pour le faste, le luxe et l'apparat, et attirent de nombreux artistes, devenant des foyers intenses de création. Les riches familles à la tête des cités-États utilisent l'art pour asseoir leur prestige et rivaliser ainsi avec les villes voisines. Le mécénat se développe considérablement et les artistes accèdent peu à peu à la reconnaissance.

LA CRISE DE L'ÉGLISE

L'Église catholique romaine, dont fait partie Fra Angelico en tant que frère dominicain, vit elle aussi une période mouvementée. Après le Grand Schisme d'Occident (fin du XIVᵉ siècle-début du XVᵉ siècle), une période de division de l'Église qui voit l'élection de plusieurs papes, le siège du pontife est définitivement de retour à Rome. En 1417, après l'élection de Martin V (1368-1431), la crise semble enfin terminée, mais de nombreux conciles mettent à mal l'autorité papale. En outre, l'Église doit aussi faire face à la menace imminente d'une invasion turque. Alors que Constantinople est inquiétée par les Ottomans, les Églises d'Orient et d'Occident tentent une réconciliation qui n'aboutit pas et se solde par la prise de la ville par les Turcs en 1453.

Ces temps troublés n'affectent ni la piété des Italiens, ni l'élan culturel qui se développe dans la péninsule et auquel l'Église adhère pleinement : la reconstruction de la basilique Saint-Pierre en est l'un des exemples les plus célèbres. En dehors des États pontificaux, les grandes institutions religieuses deviennent des commanditaires privilégiés de la première Renaissance, notamment les ordres mendiants, plus actifs que jamais. Les dominicains et les franciscains sont les deux principaux ordres religieux, que l'on qualifie de mendiants car ils dépendent de la charité publique pour vivre. Soutenus par le pape, ils deviennent des institutions majeures au sein des cités italiennes. Ils favorisent le développement des confréries (associations laïques de dévotion) – qui deviendront d'ailleurs elles aussi des acteurs importants de la commande artistique. En encourageant Fra Angelico à se consacrer à la peinture, l'ordre dominicain joue un rôle important dans l'essor artistique du *quattrocento*.

FLORENCE, BERCEAU DE LA RENAISSANCE

Florence tire son épingle du jeu et devient l'une des villes les plus puissantes de toute la péninsule italienne. À sa tête, la riche famille des Médicis en fait le berceau de l'humanisme et le foyer du renouveau artistique. Grâce à un mécénat architectural intense, Florence devient une sorte de cité idéale, totalement remodelée à l'image des canons de la Renaissance. Les nouvelles élites urbaines affirment fièrement leur réussite en faisant ériger des édifices civils, des monuments et des palais qui témoignent du goût nouveau pour le raffinement et le luxe. Les institutions religieuses profitent elles aussi des largesses des riches familles florentines : ainsi, le couvent San Marco est rénové grâce aux subsides de Cosme de Médicis (1389-1464).

Grâce aux recherches architecturales et spatiales de Filippo Brunelleschi (1377-1446), plastiques de Ghiberti (1378-1455) et picturales de Masaccio (1401-1428), la cité florentine devient le centre de la première Renaissance. La mise en espace est régie par un système mathématique de représentation : la perspective linéaire, et l'homme en devient la mesure de référence. Les artistes se mettent en quête d'une réalité objective, en rupture avec la représentation symbolique médiévale. C'est dans ce climat particulièrement propice à la création que Fra Angelico mêle renouveau formel et spiritualité dominicaine.

BIOGRAPHIE

DES DÉBUTS ÉNIGMATIQUES

Guidolino Di Pietro naît vers 1400 dans les environs de Vicchio, dans le Mugello, sur les terres des Médicis, non loin de Florence. On ne connaît ni la date précise de sa naissance, ni le statut social de sa famille. D'après Giorgio Vasari (1511-1574), l'auteur des *Vies des meilleurs peintres, sculpteurs et architectes* (1550), ouvrage considéré comme l'une des publications fondatrices de l'histoire de l'art, il serait né en 1387 et serait entré dans les ordres dès 1407, à l'âge de 19 ans. Toutefois, les archives contredisent ces informations puisqu'elles mentionnent que Guido Di Pietro était encore laïc en 1417. En réalité, il aurait commencé sa carrière de peintre avant de devenir religieux, bien que sa piété l'ait déjà amené à s'engager auprès de la compagnie laïque de saint Nicolas, dans l'église du Carmine à Florence.

Son premier travail est cité en 1418, date à laquelle il réalise pour l'église San Stefano al Ponte un retable aujourd'hui perdu. Entre 1418 et 1423, il entre dans les ordres auprès de la communauté dominicaine du couvent de Fiesole, aux portes de Florence. À cette occasion, il change de nom et devient Fra Giovanni (frère Jean). Son statut de moine ne l'empêche pas de continuer son activité de peintre – il crée d'ailleurs un atelier d'enluminure au sein même du couvent –, mais tous les bénéfices qu'il en retire sont versés à la communauté.

Sa formation suscite encore aujourd'hui beaucoup de débats : l'hypothèse la plus probable est qu'il serait entré en apprentissage auprès d'un peintre appartenant lui aussi à un ordre religieux, Lorenzo

Monaco (1370-1424). Moine camaldule (ordre d'ermites bénédictins fondé à Camaldoli, près d'Arezzo) résidant au couvent Santa Maria degli Angeli à Florence, ce dernier aurait été entouré d'apprentis qui lui auraient permis d'honorer ses commandes. En tant qu'élève, Guidolino Di Pietro aurait participé à la production de l'atelier, mais dès 1418, il aurait commencé à travailler indépendamment de son maître, en s'inspirant des œuvres du peintre Gentile da Fabriano (vers 1370-1427), arrivé à Florence en 1420.

AU SERVICE DE FLORENCE

Fra Angelico travaille pour diverses églises, institutions religieuses et corporations de Florence, pour lesquelles il peint majoritairement des panneaux, dont *Le Jugement dernier* (1431), commandité par l'Oratoria degli Scolari pour l'église Santa Maria degli Angeli, ou le triptyque *Tabernacle des Linaiuoli* (1433-1435), commandé par la corporation des tisserands du lin. Si une grande partie de ses œuvres de jeunesse a aujourd'hui disparu, les sources écrites témoignent néanmoins des commandes variées qu'on lui passe, notamment un crucifix peint en 1423 pour l'hôpital Santa Maria Nuova. Parmi ses réalisations, celles exécutées pour la communauté dominicaine occupent une place majeure dans son corpus : pour le couvent San Domenico de Fiesole, il réalise aussi bien des retables (*Triptyque de saint Pierre Martyr*, 1425) que des ouvrages enluminés (*Missel de San Marco*, 1428-1430). En tant que frère dominicain, il jouit d'un statut particulier par rapport aux autres artistes florentins. N'habitant pas dans la ville, il n'est pas soumis aux règles strictes de la corporation des peintres : c'est un artiste libre. C'est à cette époque qu'il rencontre le peintre Masaccio (1401-1428), qui travaille alors au chantier de Santa Maria del Carmine et qui aura une forte influence sur son œuvre. À la mort de celui-ci, en 1428, Fra Angelico s'émancipe du maître pour construire un style qui lui est propre.

Sa renommée grandit et, dans les années 1430, il devient un peintre très demandé. Il réalise des retables et des tableaux de dévotion privée pour des commanditaires issus des grandes familles de la ville, Palla Strozzi et Cosme de Médicis en tête. *Le Couronnement de la Vierge* (1430-1432), aujourd'hui conservé au musée du Louvre, est probablement commandé par la puissante famille Gaddi et *La Descente de croix* (1432-1434) est destinée à orner la chapelle de la famille Strozzi à l basilique Santa Trinita. L'apogée de cette période est incarné par le *Retable de San Marco* (vers 1440), une grande composition destinée à orner l'autel du nouveau couvent dominicain de Florence. Commandité par Cosme de Médicis, il représente une Vierge à l'Enfant entourée de saints (en partie dominicains), surmontant une prédelle (partie inférieure du retable) illustrant les vies des saints Cosme et Damien, en l'honneur du riche donateur et de l'ordre. Parallèlement, Fra Angelico occupe de nouvelles fonctions au sein de son couvent, dont il devient le vicaire en 1436, puis le procureur en 1443.

Dans les années 1440, il est à nouveau appelé à travailler pour le couvent San Marco, afin d'en réaliser la décoration. Il se tourne alors vers une technique dont il n'a jamais fait usage jusque-là : la fresque. Aidé de ses élèves, il œuvre cinq années durant lesquelles il peint les cellules, le cloître et les pièces de vie commune du couvent. Il y crée même un atelier d'enluminure au sein duquel il réalise de nombreuses miniatures.

LES DERNIÈRES ANNÉES ROMAINES

En 1443, lorsque le pape Eugène IV (1383-1447) vient consacrer le nouveau couvent San Marco et découvre le travail de Fra Angelico, il le sollicite pour décorer le palais du Vatican. L'artiste, accompagné de son élève Benozzo Gozzoli (1420-1497), part alors pour Rome en 1445 et se met au service d'Eugène IV, puis de son successeur, Nicolas V (1397-1455). Aujourd'hui ne subsistent que quelques vestiges des fresques qu'il réalise pour le Vatican : celles-ci ont en effet été victimes des incessants travaux de modernisation du palais.

En 1450, Fra Angelico rentre à Florence, où il devient prieur du couvent San Domenico de Fiesole. Suite à son activité au service du pape, il est le peintre le plus renommé d'Italie. Le souverain pontife le rappelle d'ailleurs à Rome, où il meurt le 18 février 1455. Il est enseveli à l'église Santa Maria sopra Minerva. L'artiste étant très célèbre auprès de ses contemporains, c'est l'humaniste Lorenzo Valla (1407-1457) qui rédige son épitaphe : « Ses disciples pleurent la perte d'un si grand Maître car où peut-on trouver un aussi fin pinceau ? Son pays natal et son ordre pleurent la mort d'un peintre accompli que nul ne pouvait égaler. » Il est surnommé « peintre angélique » par le poète dominicain Domenico da Corella (1403-1483) quelques années après sa mort, et les Italiens l'appelleront « il beato angelico » (« le bienheureux angélique »), bien avant sa canonisation au XXᵉ siècle. Aujourd'hui, il est le saint patron des artistes.

CARACTÉRISTIQUES

LE PEINTRE DE LA LUMIÈRE

Fra Angelico doit son surnom d'« angélique » à la luminosité et à l'éclat si particulier de ses peintures. S'inspirant directement de Lorenzo Monaco, son maître supposé, il utilise une gamme chromatique où dominent les couleurs claires et à laquelle se mêlent les accents précieux du gothique international. L'artiste évolue en effet dans un environnement imprégné de ce style, où les formes sinueuses des personnages sont mises en valeur par un vocabulaire décoratif très riche et une profusion d'or et de couleurs vives. Fra Angelico emploie en abondance l'or, dont il maîtrise parfaitement les effets, donnant ainsi à ses œuvres un éclat particulier au service de la lumière.

LE GOTHIQUE INTERNATIONAL

Le gothique international est un style qui se développe dans les cours princières d'Europe autour de 1400, et qui se caractérise par une recherche d'élégance, l'emploi de tons vifs et d'or en abondance, des formes humaines sinueuses et un goût particulier pour les détails, notamment pour la préciosité des étoffes, des bijoux et autres ornements.

UNE CONSTRUCTION SPATIALE RIGOUREUSE

Dès ses débuts, Fra Angelico souhaite placer ses personnages dans un espace tridimensionnel convaincant. Dans ce domaine, sa rencontre avec Masaccio vers 1420 est déterminante. Ce dernier applique en effet dans ses œuvres la perspective linéaire, découverte par Filippo Brunelleschi : l'espace est construit de manière mathématique et toutes les lignes du tableau convergent vers un point de fuite central. Fra Angelico assimile ce nouveau système de représentation et l'intègre à sa peinture : les architectures, les paysages, mais aussi les corps, sont traités dans une volonté réaliste qui s'éloigne du gothique international et tend à se rapprocher de l'art de la première Renaissance.

PEINTRE ET ENLUMINEUR

Comme beaucoup d'artistes de la fin du Moyen Âge, Fra Angelico est polyvalent. Ses premières années sont marquées par la réalisation de retables et de panneaux de dévotion privée, sa production la plus prolifique. Il est d'ailleurs considéré comme l'inventeur du retable « moderne », où les personnages saints ne sont plus isolés sur les volets latéraux, mais intégrés à la scène principale, en un seul panneau. En effet, les retables médiévaux étaient souvent composés de plusieurs panneaux, dont un panneau central et des volets qui s'ouvraient ou se rabattaient et sur lesquels étaient représentés des saints.

À partir de 1440, il diversifie sa production et s'attèle à la technique exigeante de la fresque pour le couvent San Marco. Il s'emploie également à l'enluminure pour les besoins du nouvel atelier qu'il crée au sein du couvent, mais il ne suit pas les mêmes règles qu'en peinture. En effet, si l'artiste recourt à des couleurs vives pour les miniatures et les ornements des pages manuscrites, il refuse d'employer la perspective et les autres progrès récents qui, selon lui, n'y ont pas leur place. La polyvalence de son activité l'amène également à peindre un objet mobilier : l'armoire des ex-voto d'argent de la basilique della Santissima Annunziata. Il s'agit d'un coffre de bois destiné à abriter les offrandes du sanctuaire, porté en procession lors des grandes fêtes.

DES THÉMATIQUES RELIGIEUSES

Malgré la diversité de sa production, plusieurs thèmes reviennent régulièrement dans l'œuvre de Fra Angelico. Tandis que le gothique international se tourne vers des sujets profanes, l'artiste peint uniquement des thèmes religieux. Des tableaux privés aux grands retables qui font sa renommée, la vie de la Vierge occupe une place privilégiée. Les multiples Vierge à l'Enfant et Annonciation en sont les épisodes les plus courants. La Passion du Christ est elle aussi particulièrement présente, notamment au couvent San Marco, où elle est mise en valeur d'une manière exceptionnelle.

Enfin, l'ordre dominicain fait également partie des thèmes majeurs de l'artiste, parce qu'il est l'un des destinataires de ses peintures, mais aussi un idéal de vie très important pour Fra Angelico. Ainsi, ce dernier insère aux scènes saintes les figures majeures de la communauté dominicaine : son fondateur saint Dominique, les saints Cosme, Damien, Pierre martyr ou encore saint Thomas d'Aquin se mêlent aux scènes de la Crucifixion, du couronnement de la Vierge, des épisodes de la Passion et occupent une place de choix lors du Jugement dernier. Souvent, le peintre ajoute sur les prédelles les épisodes marquants de la vie de ces saints, notamment leur martyre, mais aussi leur prédication, si importante pour les dominicains. Tout en adoptant le style moderne de Masaccio, Fra Angelico renouvelle ainsi l'art religieux de son temps.

VIERGE DE MISÉRICORDE ET FRÈRES DOMINICAINS

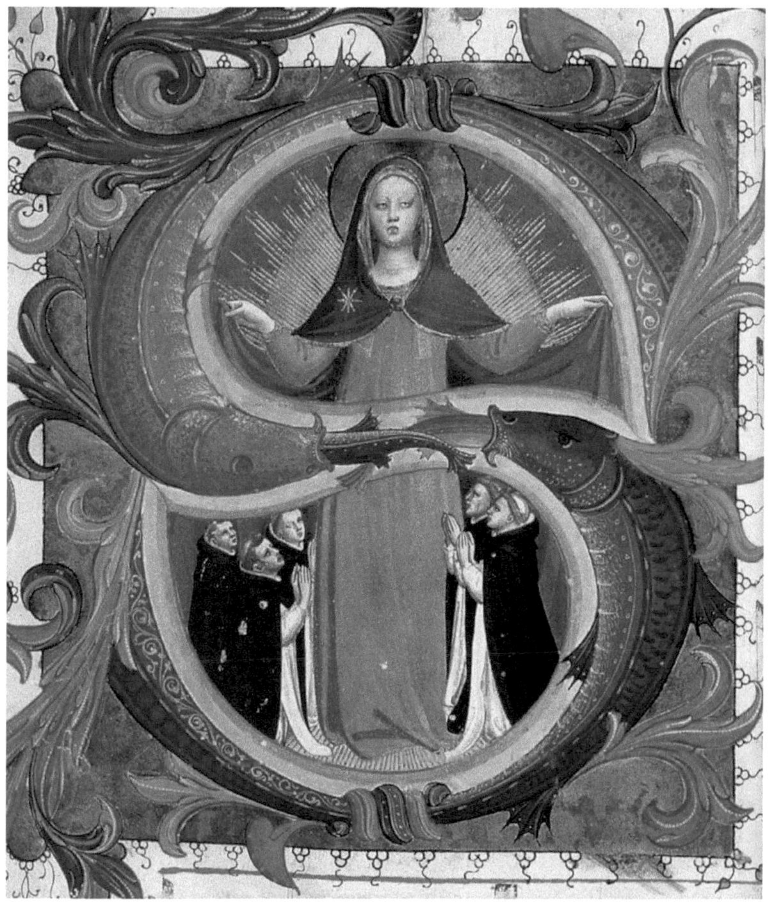

Vierge de miséricorde et frères dominicains, vers 1424, tempera et or sur parchemin, 47,5 x 35 cm, Florence, musée de San Marco.

Il s'agit d'une miniature tirée d'un livre des hymnes (qui contient des chants à la gloire de Dieu, entonnés lors des fêtes, des processions et des célébrations) destiné à la communauté dominicaine de Fiesole. Réalisée au sein de l'atelier d'enluminure créé par Fra Angelico dans le couvent San Domenico de Fiesole, vers 1424, elle représente la Vierge de miséricorde : Marie abrite sous son manteau des frères dominicains agenouillés. Il s'agit d'un thème particulièrement prisé par l'ordre dominicain et les peintres de la première Renaissance : la Vierge apparaît sous un jour plus humain, protégeant les humbles et les faibles.

Intégrée à l'initiale « S » formée de l'entremêlement de deux poissons, symbole de reconnaissance utilisé par les premiers chrétiens, la scène est construite selon une échelle symbolique : loin des principes de représentation d'un espace réaliste chers à Masaccio, Fra Angelico peint une Vierge deux fois plus grande que les dominicains qu'elle abrite.

L'ANNONCIATION

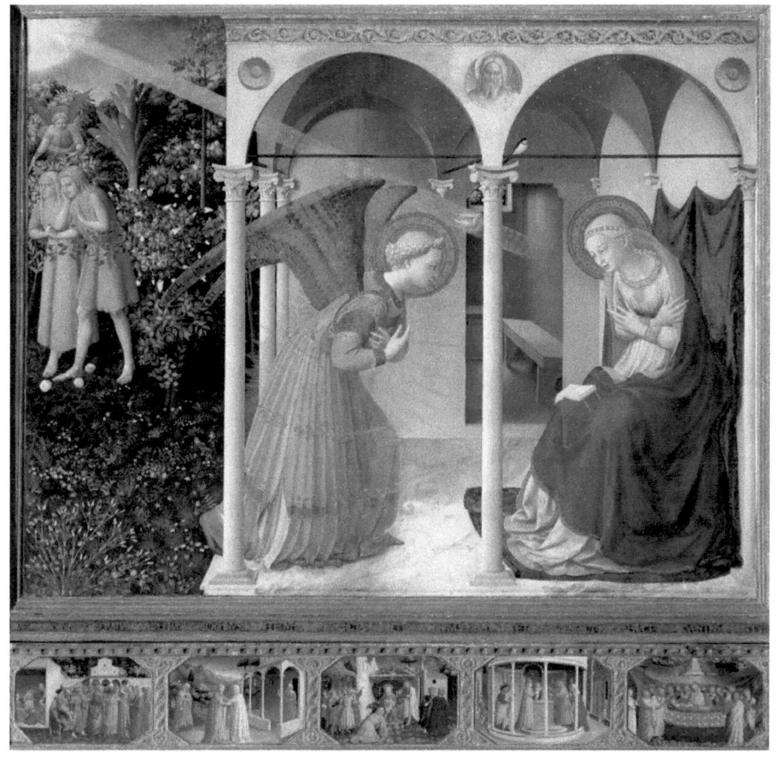

L'Annonciation, vers 1426, tempera et or sur panneau, 194 x 194 cm, Madrid, musée du Prado.

Ce retable a été peint pour le couvent San Domenico de Fiesole vers 1426. Il est composé d'un panneau central représentant l'Annoncia-tion et d'une prédelle figurant les épisodes de la vie de la Vierge : sa naissance et son mariage avec Joseph, la visitation, la nativité, la présentation de Jésus au Temple et la mort de la Vierge. C'est le premier grand chef-d'œuvre exécuté par Fra Angelico pour le couvent dont il deviendra le prieur à la fin de sa vie.

La scène se situe dans une loggia ouverte : l'archange Gabriel annonce à Marie la future naissance du Christ, tandis qu'elle reçoit l'Esprit Saint, qui prend la forme d'une colombe descendant du ciel dans un long rayon lumineux constitué d'or. L'épisode, tiré du Nouveau Testament, est scindé en deux parties : d'une part, la scène principale prend place au premier plan ; d'autre part, au loin, dans un jardin, on aperçoit Adam et Ève, chassés du paradis.

Fra Angelico livre ici une œuvre chargée de symboles : outre les éléments « classiques » d'une Annonciation (la Vierge et son manteau bleu, l'Esprit Saint et la colombe), plusieurs détails symboliques viennent agrémenter la lecture de ce retable. Au-dessus des arcatures de la loggia, un médaillon représente Isaïe, le prophète qui annonça la venue du Christ pour racheter le péché originel représenté en arrière-plan. Le jardin clos est lui aussi un élément symbolique fort, très prisé des peintres du Moyen Âge : il représente le jardin d'Éden, mais surtout la virginité de Marie. Celle-ci est également évoquée par le rayon lumineux accompagnant la colombe, symbolisant l'action de l'Esprit Saint qui vient à elle. Semblable à la lumière, l'Esprit traverse Marie sans affecter sa virginité.

Les accents précieux du gothique côtoient la perspective linéaire utilisée pour représenter la loggia, le tout se mêlant à un langage antique évoqué par les colonnes et les chapiteaux corinthiens. La gamme chromatique très lumineuse, si caractéristique du peintre, est ici employée à son paroxysme.

LE COURONNEMENT DE LA VIERGE

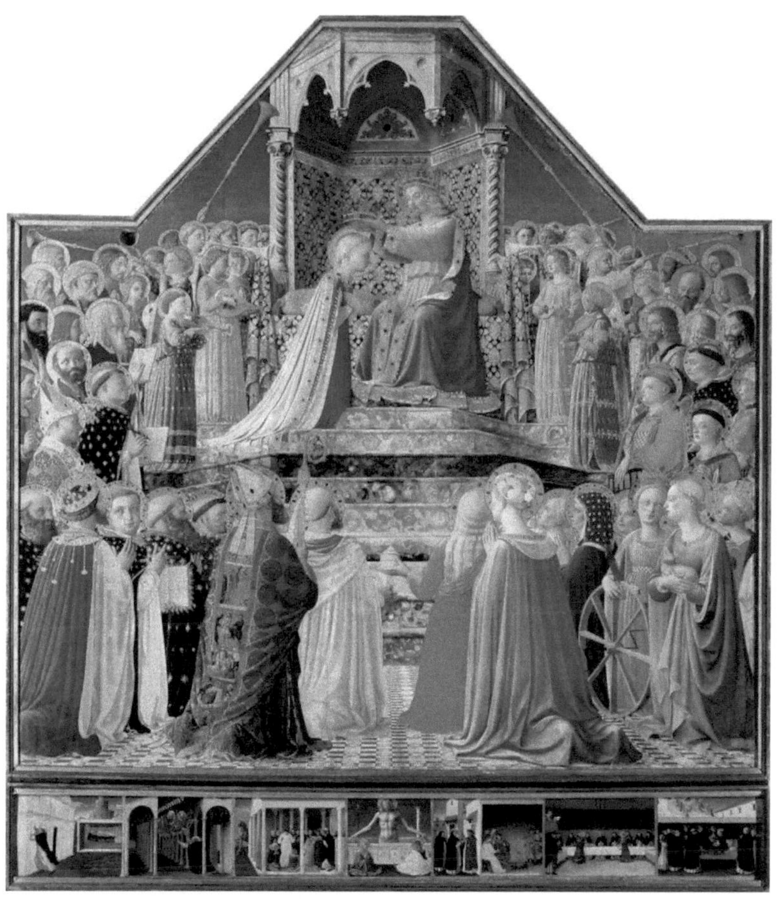

Le Couronnement de la Vierge, 1430-1432, tempera et or sur panneau, 209 x 206 cm, Paris, musée du Louvre.

Ce retable a lui aussi été réalisé pour le couvent San Domenico de Fiesole au début des années 1430. Les commanditaires ne sont pas connus, mais plusieurs hypothèses convergent vers la puissante famille Gaddi. Il représente le couronnement de la Vierge, auquel se joint une forte symbolique liée à l'ordre dominicain.

La scène se passe au paradis : le Christ, assis sur un trône, couronne sa mère au milieu d'une assemblée de saints. Parmi eux on reconnaît saint Louis, saint Nicolas, sainte Madeleine ou encore sainte Agnès, tous identifiables grâce à leurs attributs respectifs. Les saints dominicains occupent également une place de choix parmi ces élus : saint Dominique, saint Pierre martyr et saint Thomas d'Aquin, qui se tiennent dans la foule située derrière la Vierge, sont aisément identifiables à leurs manteaux noirs brodés d'étoiles et à leur tonsure. La thématique dominicaine se poursuit sur la prédelle avec la représentation des épisodes de la vie de saint Dominique, le fondateur de l'ordre : le rêve du pape Innocent III (1160-1216) qui voit saint Dominique soutenir le palais romain du Latran qui s'écroule ; l'apparition de saint Pierre et saint Paul à saint Dominique ; la résurrection de Napoleone Orsini (1263-1342), neveu d'un cardinal ramené à la vie par le saint ; le Christ au tombeau ; le miracle des œuvres de saint Dominique jetées au feu et qui ne brûlent pas ; le saint et ses compagnons nourris par des anges ; enfin la mort de saint Dominique.

COMMENT IDENTIFIER LES SAINTS ?

On identifie les saints grâce à leurs attributs : il s'agit d'une convention iconographique qui place à côté du personnage un objet emblématique en rapport avec sa vie, son martyre éventuel et son statut. Par exemple, saint Pierre martyr porte la pierre qui le tua, sainte Catherine d'Alexandrie tient une roue et une épée, instruments de son martyre, et saint Roch est accompagné du chien qui l'a nourri pendant qu'il était atteint de la peste. Sur le panneau du couronnement de la Vierge, on reconnaît :

- saint Thomas d'Aquin, représenté avec un soleil rayonnant sur la poitrine rappelant la vision d'un moine qui le vit aux côtés de saint Augustin et saint Thomas ;
- saint Louis et sa couronne fleurdelysée ;
- sainte Madeleine les cheveux détachés, tenant son pot à onguent rappelant l'épisode de la mise au tombeau ;
- sainte Agnès serrant un agneau sur la poitrine, symbole de son prénom ;
- saint Nicolas, la tête coiffée d'une mitre évoquant sa condition d'évêque et vêtu d'une chape brodée.

Aux couleurs claires s'ajoute un emploi très abondant de l'or, pour un résultat très lumineux. Fra Angelico maîtrise parfaitement la perspective à point de fuite central : toutes les lignes convergent vers le trône et la scène principale. La composition est organisée selon une forme pyramidale dont la pointe est matérialisée par le trône et la base par l'assemblée. Ce goût pour la construction spatiale est également particulièrement prononcé sur les scènes de la prédelle, où l'artiste prouve qu'il a assimilé les leçons de Masaccio. Il garde toutefois un attachement prononcé pour le gothique, visible à la forme du trône céleste, mais aussi à l'emploi d'une palette précieuse proche de celle déployée par Lorenzo Monaco.

ANNONCIATION

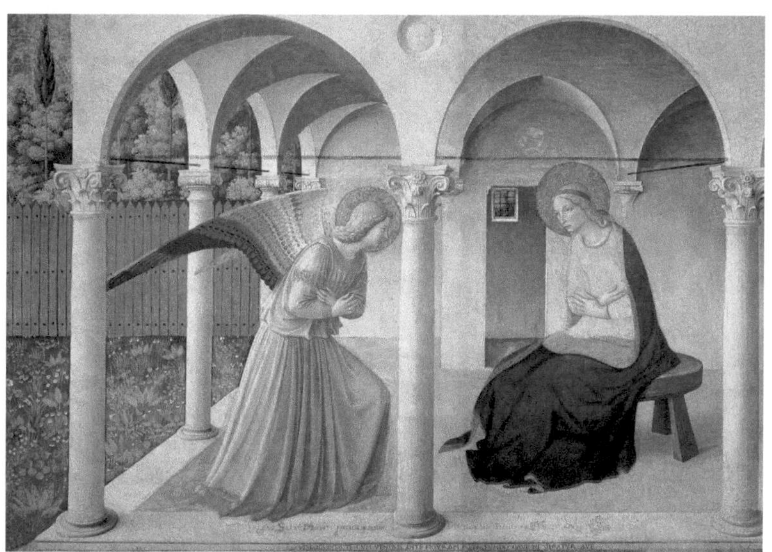

Annonciation, 1440-1442, fresque, 176 x 148 cm, Florence, couvent San Marco.

Cette *Annonciation* fait partie du grand cycle de fresques réalisé par Fra Angelico pour le couvent San Marco à Florence. Située dans l'une des cellules, elle se caractérise par une grande sobriété. Dans un espace qui rappelle la chambre dans laquelle elle se trouve, elle met en scène l'archange Gabriel et la Vierge agenouillée sur un simple banc. La scène se déroule sous les yeux de saint Pierre martyr, qui se tient debout à l'extérieur, dans un jardin.

L'austérité de cette composition tranche avec les autres Annonciations de l'œuvre de Fra Angelico. Cette remarque peut d'ailleurs s'appliquer à l'ensemble des fresques réalisées pour le couvent San Marco. Ce dépouillement est volontairement accentué afin de favoriser le recueillement du moine face à l'image, l'absence d'ornement l'empêchant de se détourner de la méditation. De cette manière, Fra Angelico adapte son art à la vocation des lieux, où l'emploi d'une peinture trop ostentatoire n'est pas de mise, et privilégie la sobriété.

On retrouve toutefois la peinture très lumineuse de l'artiste, mais sa palette est limitée à cinq couleurs (blanc, noir, rouge, or, marron). En outre, l'espace réaliste est minimaliste et le début d'un chapiteau corinthien (antique) est masqué par l'aile de l'archange. Cette fresque et la série de San Marco se situent en marge de l'œuvre de Fra Angelico par leur côté épuré. C'est un *unicum* dans la carrière du peintre, mais aussi l'œuvre qui se rapproche sans doute le plus de son idéal de vie.

L'ORDINATION DE SAINT ÉTIENNE ET SAINT ÉTIENNE FAISANT L'AUMÔNE

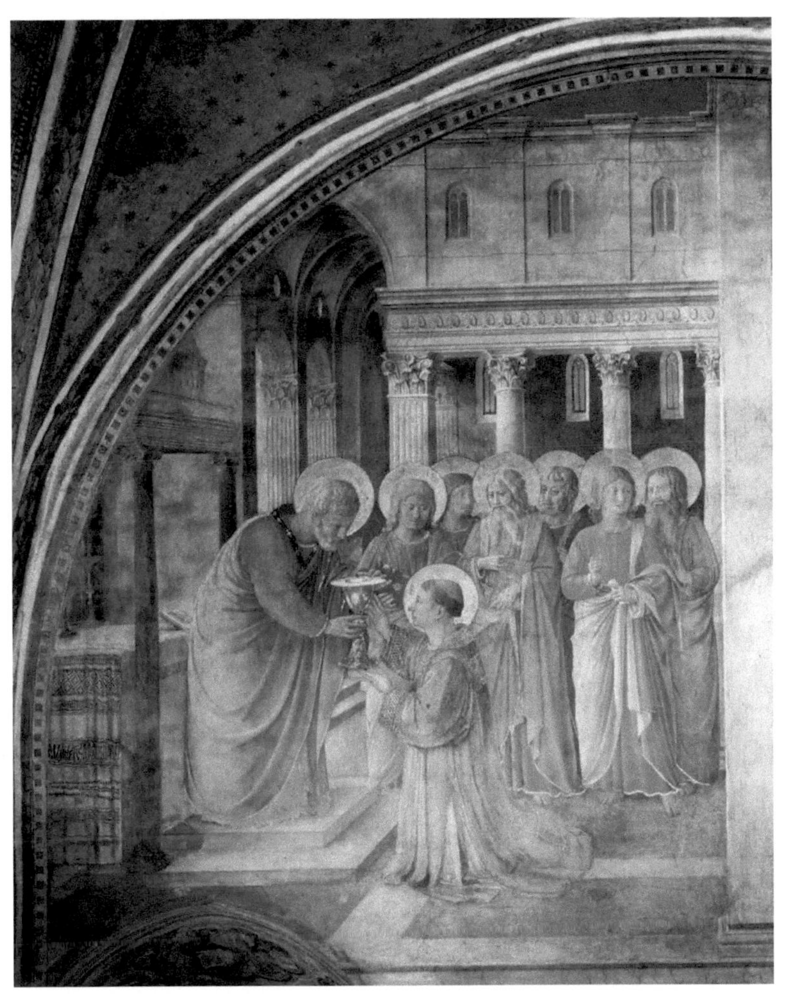

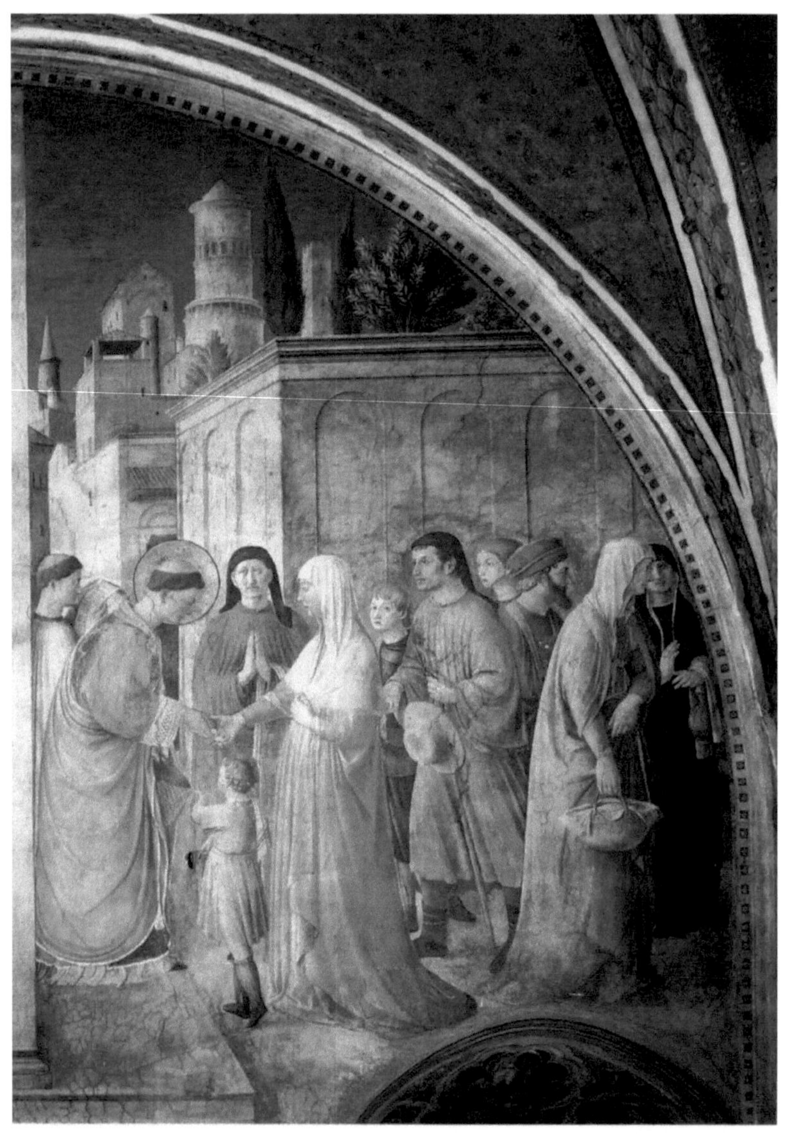

L'Ordination de saint Étienne et saint Étienne faisant l'aumône, 1447-1449, fresque, 271 x 197 cm, Rome, palais du Vatican, chapelle Niccolina.

La chapelle Niccolina est l'un des seuls vestiges de l'activité de Fra Angelico à Rome. Commandée par le pape Eugène IV, la fresque de l'artiste illustre la vie de deux saints martyrs des débuts de l'ère chrétienne : saint Étienne et saint Laurent. La fresque de la lunette (pénétration d'une voûte en berceau dans un berceau de hauteur différente) représente la vie de saint Étienne, son ordination par saint Pierre et sa charité. Il porte la tonsure monacale et est souvent représenté avec les instruments de son martyre, en l'occurrence les pierres avec lesquelles il a été lapidé. Cette œuvre incarne parfaitement la position de l'artiste, à cheval entre deux grands mouvements picturaux (gothique et art de la Renaissance), tout en gardant sa spécificité.

La scène est en effet placée dans un cadre architectural très riche où édifices médiévaux et antiques se côtoient, rappelant à la fois le gothique et le goût de la première Renaissance pour les formes antiques. Les pilastres cannelés et les chapiteaux corinthiens se mêlent au *ciborium* (construction destinée à protéger et mettre en valeur l'autel) médiéval pour un résultat tout à fait convaincant. La maîtrise de la perspective permet en outre à Fra Angelico de peindre un espace réaliste, rappelant le paysage romain où les constructions médiévales cohabitent avec les vestiges antiques. À cela s'ajoute une gamme de couleurs caractéristique du peintre, qui diffuse une grande clarté au sein de la chapelle. Cette fresque est l'un des chefs-d'œuvre de Fra Angelico, qui livre ici un exemple abouti des recherches de toute une vie.

FRA ANGELICO, UNE SOURCE D'INSPIRATION

DE NOMBREUX ÉMULES

Le style de Fra Angelico est, de son vivant, une source d'inspiration pour de nombreux artistes et, en tout premier lieu, pour ses disciples. Benozzo Gozzoli, l'élève qui l'accompagne à Rome, est l'un des membres les plus importants de son atelier et le principal suiveur de Fra Angelico. Comme tous les apprentis de l'artiste, il collabore aux commandes de l'atelier : ainsi, on retrouve sa main dans diverses fresques du couvent San Marco, ainsi qu'à la chapelle Niccolina, où il est chargé de la conception et de l'exécution des fonds d'architecture de la vie de saint Laurent. Lorsqu'il ouvre son propre atelier, il continue dans la voie tracée par Fra Angelico. Ses fresques pour le palais des Médicis à Florence, mais aussi à Viterbe (Latium) et Montefalco (Ombrie), se situent en effet dans l'esprit du maître.

Zanobi Strozzi (1412-1468) figure lui aussi parmi les principaux collaborateurs de Fra Angelico : ils réalisent ensemble plusieurs œuvres comme une *Nativité* (1435-1440) conservée aujourd'hui au Metropolitan Museum, à New York. Il retient de l'artiste dominicain la leçon de la perspective, notamment dans ses panneaux peints, mais c'est surtout dans l'enluminure que Zanobi Strozzi trouve sa voie. Tout comme Fra Angelico, il utilise sur ce support une palette très vive et ne construit pas l'espace de manière aussi rigoureuse que dans ses peintures. Zanobi Strozzi apparaît comme l'un des continuateurs majeurs de l'art de Fra Angelico.

Plus ponctuellement, Filippo Lippi (1406-1469), peintre et moine lui aussi, s'inspire de Fra Angelico. Après la mort du maître, il est chargé de terminer l'une de ses œuvres laissées inachevées : une *Adoration des mages* destinée au palais Médicis. Fortement marqué par sa rencontre avec Fra Angelico autour des années 1440, Filippo Lippi se tourne néanmoins entièrement vers le langage de la première Renaissance et s'éloigne des reliquats gothiques du maître dominicain. Aussi, peu de temps après la mort de Fra Angelico, le goût pour les sujets religieux s'érode-t-il et la peinture se tourne-t-elle davantage vers l'art profane et la représentation du corps humain. Dans la seconde moitié du XVIᵉ siècle, Giorgio Vasari décrit Fra Angelico comme l'idéal du peintre chrétien et construit autour de lui une mystique de sainteté. En 1568, il écrit : « Il ne posait jamais son pinceau sans avoir fait une prière, ou pleuré lorsqu'il peignait une crucifixion. » (VASARI (Giorgio) *Le Vite de più eccellenti architetti, pittori et scultori italiani, da Cimabue insino a'tempi nostri, descritte in lingua toscana*, Florence, Torrentino, 1550, p. 370)

UN EXEMPLE POUR LES ARTISTES DU XIXᵉ SIÈCLE

Plus récemment, Fra Angelico a été loué par les romantiques allemands au moment de la redécouverte de la peinture murale au XVIIIᵉ siècle. Les écrivains Wilhem Heinrich Wackenroder (1773-1798) et Ludwig Tieck (1773-1853) le considèrent comme « une image de la peinture chrétienne ancienne marquée par les sentiments [où] l'inspiration artistique et le génie [cèdent] la place à la foi et l'émotion » (ROETTEGEN (Steffi), *Fresques italiennes de la Renaissance*, Paris, Éditions Citadelles et Mazenod, 2001, p. 14). Au siècle suivant, Fra Angelico est considéré comme l'artiste idéal par le groupe des Nazaréens fondé à Vienne en 1809, ainsi que par les symbolistes français qui voient en lui l'exemple d'un peintre mystique dont l'œuvre est parsemée de sens cachés. Il est notamment une importante source d'inspiration pour Pierre Puvis de Chavannes (1824-1943), qui représente le moine dirigeant son atelier (*L'Inspiration chrétienne*, 1887-1888). Enfin, plus récemment encore, Fra Angelico a fait l'objet des études de John Ruskin (1819-1900), d'Édouard Manet (1832-1883) ou encore d'Edgar Degas (1834-1917), qui ont reproduit ses œuvres dans leurs carnets de dessins, preuve que l'héritage du maître italien est indiscutable.

NAZARÉENS ET SYMBOLISTES

Le groupe des Nazaréens est fondé au début du XIXe siècle par de jeunes artistes allemands qui souhaitent rendre à l'art sa pureté médiévale. Ils s'installent à Rome dans le monastère San Isidoro et fondent la confrérie de Saint-Luc, à l'image des anciennes guildes de peintres du même nom au Moyen Âge, et entendent renouveler l'art par la religion. On les considère comme les prédécesseurs du symbolisme, un mouvement artistique français de la seconde moitié du XIXe siècle selon lequel le monde est un mystère et les images cachent une réalité supérieure. Pierre Puvis de Chavannes et Gustave Moreau (1826-1898) sont deux des grandes figures du symbolisme, qui s'étend par la suite à toute l'Europe.

EN RÉSUMÉ

- Fra Angelico est un frère dominicain qui mène une carrière de peintre à Florence, puis à Rome et à Orvieto. Il réside au couvent San Domenico de Fiesole, puis au couvent de San Marco autour de 1440 le temps d'un chantier et, enfin, à Rome vers la fin de sa vie.
- Il est actif en plein *quattrocento*, une période de renouveau culturel très intense marquée par l'avènement de l'humanisme, qui place l'homme au cœur de la réflexion philosophique et artistique.
- Fra Angelico est formé dans l'atelier de Lorenzo Monaco, dont la palette de couleurs claires influence fortement l'artiste. Ses œuvres se caractérisent principalement par leur luminosité et les accents précieux du gothique international.
- L'artiste est également marqué par sa rencontre avec Masaccio dont il retient les acquis en matière de construction d'un espace tridimensionnel. En appliquant la perspective linéaire, il confère à ses œuvres un réalisme qui tend à le rapprocher de la première Renaissance.
- Il travaille au service des grandes familles de Florence, notamment les Médicis et les Strozzi, pour lesquelles il réalise de nombreux retables et des panneaux de dévotion. Mais ses plus grandes œuvres sont celles qu'il exécute pour la communauté dominicaine.
- Fra Angelico peint uniquement des sujets religieux, qui sont pour lui le moyen d'accomplir sa vocation de prédication propre à l'ordre dominicain. C'est par ailleurs un artiste polyvalent : il peint des panneaux sur bois, mais aussi des fresques et des enluminures.
- En entrant au service du pape, il devient le peintre le plus célèbre de son temps. Surnommé « l'angélique », puis « le bienheureux », il incarne selon Giorgio Vasari le modèle du peintre chrétien. Canonisé au XXe siècle, il devient le saint patron des artistes.

POUR ALLER PLUS LOIN

SOURCES BIBLIOGRAPHIQUES

- AHL (Diane), *Fra Angelico*, Paris, Phaidon, 2008.
- CHASTEL (André), *L'Art italien*, Paris, Flammarion, 1989.
- DAMANI (Giovanna) et SAINTE FARE GARNOT (Nicolas), *Fra Angelico et les maîtres de la lumière*, exposition, musée Jacquemart-André, 23 septembre 2011-16 janvier 2012, Bruxelles, Fonds Mercator, 2011.
- HENESSY (John-Paul), « Fra Angelico », in *Les Protagonistes de l'Art italien : du gothique à la Renaissance*, Paris, Hazan, 2004.
- ROETTEGEN (Steffi), *Fresques italiennes de la Renaissance*, Paris, Éditions Citadelles et Mazenod, 2011.
- ROWLEY (Neville), *Fra Angelico, peintre de lumière*, Paris, Gallimard, 2011.
- VASARI (Giorgio), *Vies des artistes*, Paris, Grasset, 2007.

SOURCES ICONOGRAPHIQUES

- FRA ANGELICO, *Annonciation*, 1440-1442, fresque, 176 x 148 cm, Florence, couvent San Marco. La photo reproduite est réputée libre de droits.
- FRA ANGELICO, *L'Annonciation*, vers 1426, tempera et or sur panneau, 194 x 194, Madrid, musée du Prado. La photo reproduite est réputée libre de droits.
- FRA ANGELICO, *L'Archange Gabriel*, 1450-1455, tempera et or sur panneau, 49,2 x 43,8 cm, Detroit, Detroit Institute of Arts. La photo reproduite est réputée libre de droits.
- FRA ANGELICO, *Le Couronnement de la Vierge*, 1430-1432, tempera et or sur panneau, 209 x 206 cm, Paris, musée du Louvre. La photo reproduite est réputée libre de droits.

- Fra Angelico, *L'Ordination de saint Étienne et saint Étienne faisant l'aumône*, 1447-1449, fresque, 271 x 197 cm, Rome, palais du Vatican, chapelle Niccolina. La photo reproduite est réputée libre de droits.
- Fra Angelico, *Vierge de miséricorde et frères dominicains*, vers 1424, tempera et or sur parchemin, 47,5 x 35 cm, Florence, musée de San Marco. La photo reproduite est réputée libre de droits.

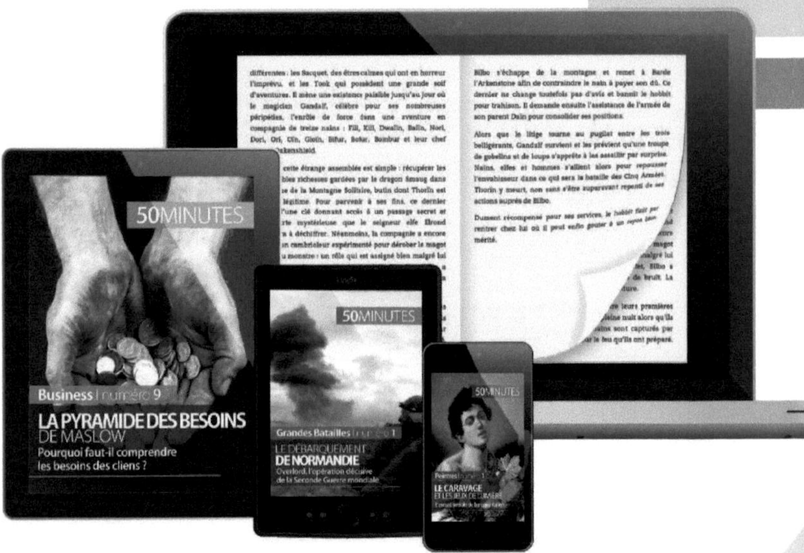

50MINUTES

Art

Business

Histoire

SOYEZ LÀ
OÙ ON NE VOUS ATTEND PAS !

www.50minutes.com

Éditeur responsable : Lemaitre Publishing
Rue Lemaitre 4 | BE-5000 Namur
info@lemaitre-editions.com

ISBN ebook : 978-2-8062-5792-5
ISBN papier : 978-2-8062-5793-2
Dépôt légal : D/2014/12603-166
Photo de couverture : © *L'Archange Gabriel*, par Fra Angelico, 1450-1455.

Conception numérique : Primento,
le partenaire numérique des éditeurs